Boken tillägnas mina barnbarn
Sebastian, Oliver, Milo, och Jack.

Förlag: BoD – Books on Demand, Stockholm, Sverige

Tryck: BoD – Books on Demand, Norderstedt, Tyskland

ISBN: 978-91-7851-898-2

Helan och Halvan

Helan och Halvan
spred glädje humor
på vita duken, och små och vuxna
glömde för en stund
alla bekymmer
och fick skratta, drömma bort
sina egna problem
Vem har glömt pianot
de tappade i trapporna
och Halvan sittandes
vid ett berg av konserver,
utan att ha en aning om
att kriget upphört för
många år sedan.
Filmhistoriens roligaste,
scen tycker jag.

Halvan

Längtan

Luften är ljuvlig,

varma vindar smeker min kind

små fåglar seglar i luften

och himlen är blå.

Våren är här,

och naturen börja vakna

av sin långa sömn,

och försöker trevande

att återskapa sin egen

teater, sin egen musik,

sin egen konsert,

sitt eget trädgårdsmästeri,

av lila och blå violer,

rosa och vita anemoner.

De stolta björkarna får

sin magnifika klädsel

och väntar på solens

smekning för att få

sina gröna blad att förvandlas till guld.

Sanning

Vad är sanning?

Sanningens stund har kommit,

säger någon.

Vems sanning?

Min?

Din?

Politikernas?

Religionens?

Samhällets?

Små barnens?

Vuxnas?

Sanningen har likheter med,

det mogna vinet,

det kristallklara vattenfallet,

den blåa himmel,

den soliga dagen,

den röda rosen.

Vinkrus

Ett vinkrus står på bordet,

på den spetsvita duken.

En kvinna med högtydliga rörelser

lyfter upp vinkruset

och ger den till sin son,

som han står bredvid,

och han tar det,

med tacksamhet och beundran,

av jordens gåvor.

Vänskap

Vänskap är glädje.

Det är som en porlande bäck,

som rinner genom skogen,

och ge kraft

och styrka för själen.

Bokmärket

Bokmärket fick jag
från min mor.
Det var en gåva,
ett minne från en svunnen tid,
en tid då allt var fint,
blommorna blommade,
violerna neg för vinden,
och koltrasten,
sjöng sin vackraste serenad,
och fåglarna gjorde sina
finaste piruetter,
och mor satt i sin stol
och broderade den
finaste duk jag minns.

Corona

Corona är kungens och Drottningens smycke,

Men inte årets corona.

Årets corona är en katastrof,

för många människor,

som dör på grund av de fleråriga

besparingarna, på dem äldre, svaga och sköra.

Jag hoppas att historiker uppmärksammar

och ger upprättelse för ALLA

som mist sitt liv, på ett så

förnedrande sätt, ensamma...

Teater

Jag saknar teater,

atmosfären,

färgerna,

kostymerna,

elegansen,

historier,

skådespelarna,

skuggorna,

passionerna,

dramatiken,

skrattet,

maskerna,

karaktärerna,

känslostormarna,

tillfredställesen!

Homeros

Kloka och begåvade Homeros,

Historiens stora intelligenta person,

som gav oss en smak,

av en svunnen tid,

en tid som var inte lätt,

var komplicerat, var svår att hantera,

och leva i och ändå,

hans berättelser är,

blixtrande vackra,

nyaserande,

filosofiska,

symboliska,

heroiska,

fenomenala!!

Gary Grant

"Alla vill vara
Gary Grant t.o.m jag" sa han.
Den eleganta skådespelaren
som älskade sin mor
och köpte ett hus,
till henne
och besökte henne,
återstoden
av hennes liv.

Våren som aldrig kom

Det är i mitten av maj snart
och vitsipporna niger
för vinden och väntar på solen,
och värmen för att öppna sig
och visa hela sin prakt.
Men våren försvann,
och snart är det sommar.

För länge sedan

Jag minns
när min far
höll mig i handen
och vi promenerade
i Kavalas hamn
bland alla små
kiosker med grönsaker
och alla möjliga
sorters fisk.
Min syster höll också fars hand
och vår far frågade :Vad skall
vi äta idag barn? Välj.
Min syster pekade på
en citron och jag
på en paprika.

Sandhamn

Hej Sandhamn,
med dina safirblå stränder,
och dina fina segelbåtar.
Du är lik en diamant
I skärgården där dina
gäster få promenera,
äta lunch, middag, eller fika.
Det finns alltid något att
göra i din famn.
Jag har aldrig blivit
besviken i denna
ljuvliga lilla plats.

Air av melankoli

Air av melankoli
griper mitt hjärta
när små barn
kommer med en pappersflytväst
i medelhavet
och med en skräckslagen
blick i sina ögon.

Livets krus

Livets krus

är fyllt

ibland med glädje

några gånger med sorg.

Ibland är det tomt av

både glädje och sorg

och längtar efter

lite innehåll att fylla

sin kropp med.

Det vore kanske bra

med lite vatten, vin, en dröm, vad vet jag?

Resa

Att resa till någon,

att resa från någon,

att resa tillsammans med någon,

att resa till ett främmande land,

att resa till sitt eget land,

att hitta och finna

sin egen resa,

är en lyckans stund.

Glad

Jag är glad att vakna

när solen skiner

och strålarna smeker

min kind som ger

kraft och värme

och tar bort

alla tunga tankar.

Vapen

Skrota alla vapen
som sprider sorg,
och elände i jordens,
alla hörn.
Plantera träd istället,
låt barnen leva,
i en trygg värld,
låt alla barn gå i skolan
och växa upp i en värld av hopp om
en ljus framtid
där blommorna blommar.

KL är 24.00

Det är sent och allt är tyst,
lugnet sänker sig
och kroppen och själen
får vila, sova, drömma
om en värld utan krig
och förstörelse, en värld
där alla barn har mat , föräldrar
är trygga och glada
där de bor och lever.

Yul Brynner

Yul Brynner
Var min systers ungdoms idol.
Han var snygg
och bra skådespelare.
En oförglömlig talang
då en av hans pjäser
spelades
på Manhattan
över fyra tusen gånger.

Vårvinden

Det är oförglömligt
när vårvinden
smeker min kind
som signalerar
att det kommer
den vackraste
underbara
grönskan
med morgnar
fyllda av förväntningar
om vackra lugna dagar
sittandes med en kopp
kaffe i handen
och solstrålarnas
välsignande sällskap.

Vad vore livet utan kärlek?

Vad vore livet utan kärlek,

en öken kanske

eller en torr bäck

utan vatten.

Kärlekens kraft är

och förblir en

gigantisk formel,

av oanade överraskningar

som kan leda

till ett lycklig

och bra liv.

En fjäder

En vit fjäder
virvlar i den gråa himlen
och gör sina fantastiska piruetter,
och försvinner så småningom,
i horisonten, kanske för att
glädja ett barn
eller en vuxen,
eller att med att fortsätta sin dans,
sin märkliga dans som varar
 så länge vinden råder.

Min svarta fåtölj

Min svarta fåtölj
är en fåtölj där dikterna vävs,
där böckerna tar mig
 till en annan värld,
ibland på regniga trottoarer
och ibland på vackra ängar
med vallmon och timotej.

Min systers lägenhet

Jag vaknade och
tittade ut från balkongen,
den kunde vara en kuliss från Traviata
eller från Rigoletto, men det var det inte.
Det var utanför gatan,
där min kära syster bodde,
i en liten Grekisk stad
vid namn Kavala.

Kändisskapet

Kändisskapet har ett pris,
ett mycket högt pris.
Man blir jagad av journalister, paparazzi,
vanliga och ovanliga människor.
I början är det kul, men
så småningom blir det
en plåga.
Stackars Dajana.
Vilken ovärdigt och tragisk,
slut, när hon äntligen
 hittade kärleken.

Lapptäcket

Lapptäcket som jag fick från min moster som gåva,
 pryder min säng,
och mina tankar går till min morfars
hus där min moster bodde,
och hon virkade sina fina dukar,
som var virkade med kärlek,
och omtanke om oss,
som skulle få dem.
Hon satte i sitt stora tomma hus,
och mindes om de förgänga åren
 av lycka och sorg.
Hon berättade om mina mostrar,
 och min mor, om kriget,
om min morfar som var
en lärd och älskvärd person,
och om hans fantastiska bibliotek.

Sommaren

Jag älskar dig
varma ljuvliga sommar,
med dina ljumma
förtrollande morgnar
dina vackra moln
som dansar
och försvinner snabbt
när solen kommer
med sina guldstrålar
och sprider
ett magnifik skådespel
på ett smaragdfärgat hav.